Mythologies

Fighting Hercules
The Triumph of Hermes

by Michel Galiana
1933 -1999

Bilingual Edition – Edition bilingue

Translated by **Christian Souchon**

The Borgo Press
An Imprint of Wildside Press

MMVII

First Edition

Fighting Hercules

Hercule combattant

FIGHTING HERCULES

Michel Galiana 's sonnets have a strict structure made up of 14 verses of 12 or 11 feet, grouped together into two quatrains followed by two triplets.
As to the rhymes he sets himself a constraint the theorists of French sonnet, had shunned when they laid down the diagram:
(ABBA ABBA CCD EDE).
Michel Galiana makes here a point of using the same rhymes, arranged in different ways in both tercets:
ABBA ABBA CDC DDC,
ABBA ABBA CCD DCD,
ABBA ABBA CCD CDD, etc...
(a feature which could not be accounted for in the translation).

To make the exercise more thrilling, in this set of 13 sonnets he devised additional constraints:
-Each of the first twelve sonnets, picturing one of Hercules' labours contains the explicit or allusive name of a zodiac sign, in chronological order beginning from the Lion (in CAPITAL letters).
-Possibly in accordance with the "Egyptian and Greek Fables Unveiled" by Joseph-Antoine Pernety (1716-1801), each last triplet quotes one or more operations *(in italics)* pertaining to the Work of the alchemists, very likely in connection with the zodiac sign of the poem and supposed to be an interpretation of each Labour.
-He repeatedly evokes the four elements, fire, water, air, earth and each individual sonnet bathes in a solar (bright) or a lunar (dark) atmosphere.

When referring to the comments on Merian's engraving "The Emerald Tablet" (see Appendix), one will certainly find plenty of other hints at the alchemist's craft or correct the translator's faulty interpretations
(Odi prophanum vulgus et arceo)!

HERCULE COMBATTANT

Le sonnet chez Michel Galiana est une structure très stricte composée de 14 vers de 12 ou 11 pieds répartis en 2 quatrains suivis de 2 tercets.

Pour les rimes, il s'impose parfois une sujétion non prévue dans le schéma fixé par Théodore de Banville (ABBA ABBA CCD EDE), en s'obligeant à reprendre les rimes du premier tercet dans le second, tout en en modifiant l'arrangement:
ABBA ABBA CDC DDC,
ABBA ABBA CCD DCD,
ABBA ABBA CCD CDD, etc...

Ici, l'auteur complique encore l'exercice en s'imposant les contraintes suivantes:
-Chacun des 12 premiers sonnets, décrivant un des travaux d'Hercule, contient, sous une forme propre ou dérivée, le nom d'un signe zodiacal, dans l'ordre, en commençant par le Lion (en MAJUSCULES).
-S'inspirant, peut-être, des "Fables Egyptiennes et Grecques dévoilées" de Joseph -Antoine Pernety (1716-1801), il énonce dans les derniers vers une opération du Grand Oeuvre des alchimistes, sans doute en rapport avec le signe zodiacal *(italiques)* et censée interpréter chacun des travaux.
-Il multiplie les évocations des 4 éléments, ici repérées par des couleurs: rouge, le feu ; bleu, l'eau; vert, l'air; marron, la terre, et
l'atmosphère de chaque poème est soit solaire (lumineuse), soit lunaire (ténébreuse).

En se reportant aux commentaires sur la gravure de Mérian, "La Table d'Emeraude", on pourra trouver sans doute bien d'autres allusions à la science alchimique ou corriger les interprétations fautives du traducteur. (Odi prophanum vulgus et arceo !)

Leo

I THE NEMEAN LION

AUGUST coated with rays the Argolidian beast
-Whatever rises, reigns and declines I call sun-
Hoarse roaring shatters the hill where the youth has come
Anxious to stand the test amidst the midday's heat.

At one bound he bestrides it, holds it by the throat.
His heart beats, his body hot, salty humours drain,
His grip the wrathful cat tries to loosen, in vain,
Till death that's crushing her wraps her in its strong coat.

This fleece be now to you strongly rooted armour
Whose shadow at high noon merge with your crown's shadow
Chaos' son who chose to be your own murderer!

No longer shall your fate your whims ever follow.
You who meant to bring down the summer freak don't know
The crucible where your sap *burns to a cinder.*

Hercules was challenged, as his first Labour, to kill the Nemean lion. This beast's parentage was supernatural. Its skin could not be penetrated by bronze spears or iron arrows.
Hercules crawled into its den after blocking the entrances and throttled it to death with his bare hands.
Ever afterwards he wore the lion's skin as a cloak and its head as a helmet.

I LE LION DE NEMEE

AOUT revêt de rayons le fauve argolidien
Si feu peut s'appeler qui naît, règne, décline.
Un rauque grondement habite la colline
Où le novice quête un choc méridien.

D'un bond il le chevauche, à la gorge il le tient.
Son coeur bat et son corps baigne d'humeur saline,
Mais ne peut par fureur s'arracher la féline
Car la mort craquelante est un plus sûr lien.

Qu'à présent la toison, manteau non, mais racine,
Projette au grand midi ton chef d'un mufle enté,
Rejeton du chaos qui toi-même assassines,

Ton sort par tes desseins ne sera plus tenté,
Toi qui pensant vaincre le monstre de l'été
Ignores le creuset où ton suc *se calcine*.

Hercule fut mis au défit pour son premier travail de tuer le Lion de Némée. Cette bête avait des origines surnaturelles. Sa peau ne pouvait être transpercée ni par les lances d'airain, ni par les flèches de fer.
Hercules rampa dans sa tanière dont il boucha l'entrée et l'étrangla en le saisissant à mains nues.
Il porta désormais la peau du lion en guise de manteau, la tête lui faisant un casque.

II THE HYDRA OF LERNA

The rock burns, the air reeks and the earth gasps and pants
And opens its entrails drenched by no water,
While, upwards to the skies, the nine-headed monster
Thrusts its poisonous urns and spreads them to a fan.

Now the slayer hammers the combs that he derides;
With night he fills the eyes, one by one closes them;
When the shrivelled bag by a last start is shaken
With his sword he severs the head - that never dies.

Dug into VIRGIN soil, what had been a torture
For ages and ages shall become the manure
From which may thrive again the wood burnt to ashes.

But the faint conqueror thunder-like collapses
On the ground, so strongly tried by this adventure,
That he does not feel how night *solves* his blood and nerves.

*As a second labour, Hercules was ordered to kill the Lernaean
Hydra. Galiana credits the monster with 9 heads, one of them being
immortal, others with more. All agree however, that one severed
head was replaced by two other heads or more.*
*To stop this sprouting, Hercules asked his coachman, Iolaus to set
fire to the neighbouring wood and to burn with a brand each root of
the cut heads, thus preventing their awkward multiplication.*
*Having now conquered the hydra, he dipped his arrows in its gall,
to inflict on his future antagonists incurable wounds.*
*Erystheus refused to reckon this labour among the ten because of
the help extended to Hercules by Iolaus.*

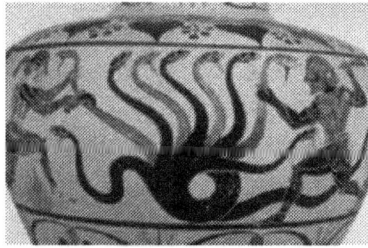

II L' HYDRE DE LERNE

Le roc brûle, l'air fume et la terre pantelle,
Ouvrant ses entrailles que n'abreuve nul flot, ,
Où le monstre aux neufs chefs sur le ciel darde haut
Ses urnes de venin qu'il joint, puis écartèle.

Or le tueur narguant les crêtes qu'il martèle
De la nuit un à un emplit les yeux qu'il clôt,
Et quand le sac flétri ne hausse qu'un ressaut,
Du glaive il fait tomber la tête - l'immortelle.

En sol VIERGE enfoui, ce qui fut le tourment
Des générations deviendra l'élément
Qui fera ressurgir la forêt de la poudre.

Mais le vainqueur, lassé, tombe comme la foudre
Sur le sol, envahi d'un tel accablement
Qu'il ne sent nerf et sang en sa nuit se dissoudre.

*Le second travail imposé à Hercule fut de tuer l'hydre de Lerne.
Galiana attribue à ce monstre 9 têtes, dont une immortelle, d'autres
plus. Ce sur quoi tous s'accordent, c'est qu'une tête coupée était
remplacée par deux ou plusieurs autres.*
*Pour surmonter cette difficulté, Hercule demanda à son cocher,
Iolaüs d'enflammer la forêt voisine et de brûler avec un brandon
chaque cou coupé, ce qui empêcha cette fâcheuse multiplication.
Ayant vaincu l'hydre, il trempa ses flèches dans son fiel, pour porter
à ses futurs adversaires des blessures incurables.*
*Erysthée ne voulut pas prendre en compte cette épreuve en raison
de l'aide apportée par Iolaüs.*

Libra

III THE ERYMANTHIAN BOAR

The swift, tough-hided beast with the ivory tusk
Shatters the wood and drags the air surrounding it
That BALANCES its run and its bulk, transmuted
Into a boar of wind, breath of bristle and musk.

But fleeter still is the hunter whose net has seized
And stopped its flight. And in the grip it can't withstand
The brute feels its neck yield and its helpless spine bend
Under the knee until out of him strength is squeezed.

By his own victory appalled, the champion
Sees that the wood was to the freak shrine and prison.
He drags from the forest its guest and he provides

To him who was mere strength and rage a new blazon:
Honour to the worker who, by his orison,
Tames the fire and measures, tips the scales and *divides*.

*The third Labour took Hercules to the Argolid valley in quest of an
enormous boar, which he had to bring back alive. He finally located
the boar on Mount Erymanthus and managed to drive it into a snow
bank, immobilizing it. Flinging it up onto his shoulder, he carried it
back to Eurystheus, who was so afraid that he ran and hid in a
bronze storage jar.*

III LE SANGLIER D'ERYMANTHE

Véloce, la couenne au poignard ivoirin
Ebranle la forêt et l'air qui mû l'escorte,
EQUILIBRE sa course et sa masse, de sorte
Qu'un sanglier de vent double un souffle de crin.

Mais plus prompt le chasseur dont le filet étreint
Et brise son élan. Sous la poigne trop forte
Le brutal sent ployer son cou, l'échine morte
Reconnaît le genou qui lui brise le rein,

Et songe le héros que son triomphe effare
Que si fut la forêt l'écrin et la prison,
Il arrache son hôte à la sylve et prépare

A qui fut force et rage une neuve raison -
Honneur à l'ouvrier qui par seule oraison
Ayant soumis le feu, jauge, pèse, *sépare*.

*Le troisième Travail d'Hercule le conduisit dans la vallée d'Argolide
à la recherche d'un monstrueux sanglier qu'il devait ramener vivant.
Il débusqua enfin le monstre sur le Mont Erymanthe et parvint à le
diriger vers un banc de neige, où il s'immobilisa. Il se jeta sur son
échine et le rapporta, sur ses épaules à Eurysthée qui fut si effrayé
qu'il courut se cacher dans une cuve d'airain.*

Scorpio

IV THE HIND OF CERYNEIA

This is a land of streams and of mirroring ponds
Which, begotten by mist, begets gleaming brightness-
As do, once their gall shed, ASPS beget their own death-
Where the hind on her runs led him astray for long.

Now he has seized his bow for a final attempt.
-A hundred times, when he had reached her, she escaped-
His arrow and its path now the same hissing takes
To the fleeing target that at last is attained.

Presuming that her run and her escape were flight,
He considers the hind, feels every limb of her
Wondering if wings were what made her hoofs so light.

And guesses that, but for the lists and their labour,
No one could be able opposite to *unite*,
As the prey, in common fall, with its conqueror.

*The fourth Labour was the capture of the Cerynitian hind, a swift
female deer with golden horns, sacred to Artemis. Hercules dared
not wound it. After hunting it for an entire year, he ran it down on
the banks of the River Ladon in Arcadia. Taking careful aim with his
bow, he shot it down without drawing blood. Artemis was
displeased, but Heracles dodged her wrath by blaming
Eurystheus*

IV LA BICHE AUX PIEDS D' AIRAIN

C'est un pays d'étangs, de miroirs et de sources
Qui par brume engendré, engendre des clartés-
Sa mort ainsi l' ASPIC ses venins injectés-
Où la biche longtemps l'a joué dans ses courses.

Il a saisi son arc, sa dernière ressource.
L'ayant cent fois atteinte et cent fois rejeté,
Il réunit enfin trait et voie, emportés
D'un même sifflement, et la fuyante touche.

Pensant que fussent vol sa fuite et ses écarts
Il contemple le corps, tâte de toutes parts,
Surpris que du sabot l'aile ne soir complice

Et devine qu'il faut le labeur de la lice
Pour, ayant réuni les éléments épars,
Que la bête au héros par la chute s'*unisse*.

*Le quatrième exploit fut la capture de la biche aux pieds d'airain,
une bête rapide aux cornes d'or, consacrée à Artémis. Hercule
n'osait pas la blesser. Après l'avoir pourchassée plus d'un an, il la
rabattit vers les rives du Ladon en Arcadie. Visant soigneusement il
l'atteignit de sa flèche sans faire couler son sang. Artémis était
furieuse, mais il détourna sa colère sur Erysthée.*

15

Sagittarius

V THE STYMPHALIAN BIRDS

The fire that has of fire the glare but not the heat
Is by a cloud of screams hidden away from earth,
For this shimmerless lake of sheer blood has a depth
That by gloomy shadows here and there is revealed.

Lo and behold! Filling the night with shrill croaking
The swift shafts soar up shot by the skilful ARCHER,
Hit a star-shaped crack into the dark cover
Till the reluctant sky unveils a blank ceiling.

And from the lake where the striges sink silently,
Swarms of ghosts haste towards the new festivity.
But the warrior exclaims, as he lays down his bow:

"What you tried to conceal, O vain kindred, I know:
If to stench may return the unwinged body,
Never shall flight itself vile *decay* undergo!"

*The fifth Labour imposed on Hercules was to destroy the birds that
inhabited a marsh near Lake Stymphalus in Arcadia. Whether these
birds fed on human flesh, or killed people with their feathers of
brass or merely were a nuisance due to their number, depends on
the sources. Hercules could not approach the birds because the
ground was too swampy. Finally he scared them with brazen
castanets given to him by the goddess Athena. The birds fluttered
up in a fright. And once they were in the air, he shot them with his
arrows*

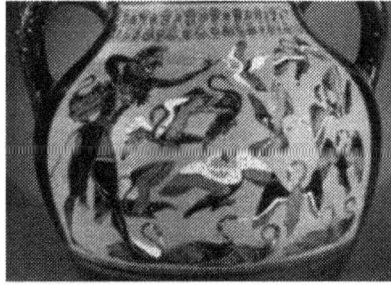

V LES OISEAUX DU LAC STYMPHALE

Le feu qui n'a du feu que l'éclat sans l'ardeur,
Un nuage de cris le dérobe à la terre,
Car de ce lac sanglant que nul reflet n'altère,
Seules des ombres révèlent la profondeur.

Voilà que déchirant la nuit de leur strideur
Les dards vers le plafond montent, du SAGITTAIRE,
Frappent, un trou s'étoile éclipsant du mystère
Et le ciel peu à peu révèle sa candeur.

Au lac où les stryges sombrent, blocs de silence,
Des larves, grouillements, vers le festin s'élancent.
Or clame le jouteur rompant sa faction:

"J'ai surpris ton secret; ô génération.
Si le corps désailé retourne aux pestilences
Le vol ne connaît pas la *putréfaction*."

Le cinquième travail imposé à Hercules fut de détruire les oiseaux qui infestaient un marais près du lac Stymphale en Arcadie. Ces oiseaux se nourrissaient-ils de chair humaine, ou tuaient-ils les gens avec leurs plumes d'airain ou encore, n'étaient-ils une calamité qu'en raison de leur nombre? La réponse varie selon les sources. Hercule ne pouvaient les approcher car le sol était trop marécageux. Il parvint finalement à les effrayer au moyen de castagnettes d'airain que lui fournit la déesse Athéna. Les oiseaux s'envolèrent pris de peur. Quand ils furent en l'air, il put les abattre avec ses flèches.

VI THE CRETAN BULL

The earth, rammed by the hits of the blind HORNED one,
Resembled a corpse gleaming in wondering sun light,
As the mad beast with its muzzle removed the height,
Filled in the hollow stream and broke up the bare stone.

A long rope thrown at him and then deftly drawn back
When the brute endeavoured to move his mass away
Let the old plague of Crete tumble down clumsily
And angrily bellow, chained by so poor a trap.

"Accept, quoth he, the yoke laid to teach you patience.
You were rage and chaos, be henceforward science.
Pervaded by the cold that abolishes death.

Your peace was sound asleep in your inconsistence.
But when wisdom in you at last has reached full growth,
Heaven disclose the fire glowing under the *frost*."

Queen Pasiphae of Crete had fallen in love with a bull, with the
result that the Minotaur was born -- a monster half-man and half-
bull that haunted the Labyrinth of King Minos. Pasiphae's husband
was understandably eager to be rid of the bull, which was also
ravaging the Cretan countryside, so Hercules was assigned the
task as his seventh Labour. Although the beast belched flames, the
hero overpowered it and shipped it back to the mainland. He
brought it to Eurysteus, and having shown it to him, he let it go free
It ended up near Athens, where it became the duty of another hero
Theseus, to deal with it once more.

18

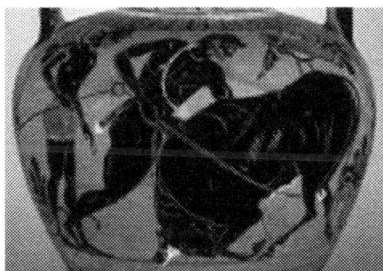

VI LE TAUREAU DE CRETE

La terre sous les coups de l'aveugle CORNU
Au soleil étonné n'offre plus qu'un squelette
Car du mufle le fou découronne la crête,
Comble la source et fait voler le rocher nu.

Un long filin lancé savamment retenu
Alors à s'ébranler que le brutal s'apprête
Fait d'un bloc écrouler qui désossait la Crête
Et mugit que l'enchaîne un piège si ténu.

"Accepte, lui dit-il, le joug de la patience.
Tu fus rage et chaos. Sois désormais science.
Que pénètre le froid qui te rend immortel.-

Comme dormait ta paix dans ton inconscience-
Et lorsque aura mûri ta sagesse, le ciel
Découvrira le feu qui veille sous le *gel*."

*La reine Pasiphaé de Crête, s'était éprise d'un taureau et mit au
monde le Minotaure - le monstre moitié -homme et moitié -taureau
qui hantait le Labyrinthe du roi Minos.
L'époux de Pasiphaé fut, on s'en doute bien aise d'être débarrassé
du taureau qui ravageait la Crête et c'était l'objet du sixième travail
d'Hercule. Bien que l'animal crachât des flammes, le héros
s'empara de lui et l'embarqua vers le continent. Il le présenta à
Eurysthée puis il le relâcha. Le taureau termina sa course errante
près d'Athènes où ce fut à Thésée, un autre héros de l'avoir
comme adversaire.*

19

Aquarius

VII THE MARES OF DIOMEDES

Scenting a feast of flesh the mares have set to neigh
For their master has cast for them fettered captives.
Excited by dark gore, they pull them to pieces
And the watcher above enjoys their greedy fray.

But the night slayer has suddenly bounded down
Grasped his leg, hurled him down. His blood FLOWS on the stones
Where the beasts, as they dig into the broken bones,
Uncover a secret store of flesh of their own.

"It's not enough, tamer of savage beasts only,
To feed these wild creatures on what is not yourself
And challenge the brute who in your inmost being rests.

In vain shall you try to shape the alien *stuff*.
Never shall you attain the ultimate rebirth
If you refuse your own hunger and *food* to be."

*Next Hercules was instructed to bring Eurystheus the mares of
Diomedes. These horses were fed on the flesh of travellers who
were foolish enough to accept Diomedes' hospitality. In this version
of the myth, Hercules pacified the beasts by feeding them their own
master. He soon rounded them up and herded them down to sea,
where he embarked them for Tiryns. Once he had shown them to
Eurystheus, he released them. They were eventually eaten by wild
animals on Mount Olympus.*

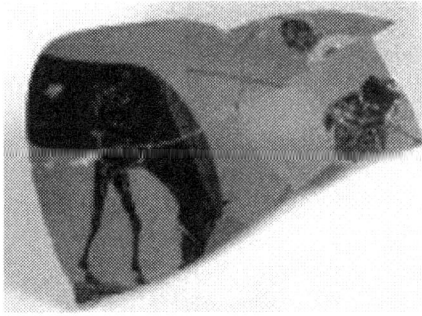

VII LES CAVALES DE DIOMEDE

Vers leur festin vivant hennissent les cavales
Car le maître a jeté les captifs entravés
Qu'ils déchirent, ruant, de sang noir énervés,
Et le témoin là-haut rit de leurs faims rivales.

Mais le tueur de nuit l'a, tandis qu'il s'affale,
Par la jambe saisi, VERSE sur le pavé
Où les bêtes, fouillant par ses membres crevés,
Découvrent le secret de la chair qu'ils avaient.

"Ce n'est pas tout, dompteur de fauves seulement,
De nourrir l'étranger de ce qui n'est toi-même
Et prétendre braver le monstre en toi qui germe.

En vain oeuvreras-tu l'aliène *élément*.
Tu n'atteindras jamais la naissance suprême
Si tu n'est pas ta faim et ton propre *aliment*."

Puis Hercule fut chargé d'apporter à Eurysthée les cavales de
Diomède. Diomède leur donnait en pâture la chair des voyageurs
qui étaient assez insensés pour accepter son hospitalité. Dans
cette version du mythe, Hercule apprivoisa les monstres en leur
faisant manger son propre maître. Puis il les parqua et les conduisit
jusqu'à la côte où il les embarqua pour Tirynthe. Après les avoir
montré à Eurysthée, il les relâcha. Finalement ils furent dévorés par
des bêtes sauvages sur le Mont Olympe.

21

Pisces

VIII THE AMAZON'S BELT

Naked and dismal in the source where springtime dawns
The Amazon has kept to hold the fickle one,
-Feline shape whose outlines by the flow are undone-
Bound on her side, the belt and it waves up and down.

The Prince perceives the Queen, a radiant display,
His foot pushes her down, he holds her by her locks,
And when he sees her eyes filled with night, he unlocks
His grip on the wan corpse. He divests it and says:

"Leave to me this garment that has caused your ruin,
Warden of the garden. FISHing in your recess,
I swapped the lure against gold, hard and genuine.

Relinquish the mire of desire down in your flesh
And be to whoever wanted to seize your self
The impalpable scent that *sublimates* your being."

*The eighth Labour took Hercules to the land of the Amazons, to
retrieve the belt of their queen for Eurystheus' daughter. The
Amazons were a race of warrior women, great archers who had
invented the art of fighting from horseback.*
*Hercules recruited a number of heroes to accompany him on this
expedition, among them Theseus. As it turned out, the Amazon
queen, Hippolyte, willingly gave Hercules her belt, but Hera was no
about to let the hero get off so easily. The goddess stirred up the
Amazons with a rumour that the Greeks had captured their queen,
and a great battle ensued.*
Hercules seeing them in arms suspected treachery.
He killed Hippolyte whom he stripped of the belt.

VIII LA CEINTURE DE L' AMAZONE

Nue et sombre, en la source où monte le printemps,
L'amazone a gardé pour fixer le volage -
Féline que les eaux troublent de leur voilage -
La ceinture à son flanc qui se plie et se tend.

Le prince a vu la reine en son bain éclatant.
Il l'y plonge du pied, la tient par le pelage
Et quand la nuit emplit sa prunelle, soulage
Le cadavre neigeux qu'il dépouille, chantant:

"Dédaigne ce lambeau dont tu fus la victime,
Gardienne du jardin. J'ai PECHE ton plaisir
Et rejeté l'appeau pour l'or qui ne s'élime.

Dépose au fond du corps la tourbe du désir
Et deviens, impalpable à qui veut te saisir,
Ce cercle de parfums qui l'essence *sublime*."

Le huitième travail conduisit Hercule au pays des Amazones, pour
en rapporter la ceinture de leur reine comme présent à la fille
d'Erysthée. Les Amazones était une nation de femmes guerrières,
des archères sans pareilles combattant à cheval.
Hercule s'adjoignit pour cette expédition plusieurs héros, dont
Thésée. Il advint que la reine des Amazones, fit cadeau de la
ceinture à Hercule de sa propre volonté. Mais Héra ne voulut pas
que le héros s'en tirât à si bon compte. Elle répandit la rumeur
parmi les Amazones que les Grecs avait capturé leur reine et une
grande bataille s'ensuivit. Hercule les voyant en armes crut à une
trahison. Il tua Hippolyte qu'il dépouilla de sa ceinture.

Aries

IX THE AUGEAN STABLES

He said: "This fireless fire flow to wash this hovel!
I must, to fulfil the labours imposed on me,
Harbour the chimera where horses used to be,
From a pitting coat of *tartar* free the *silver*.

Let the *green king* be brought down and kiss the *red RAM*
And my palace be cleansed by thoughts of a new sort
That it may recover its steps, its marble court,
Its first brightness which may there forever remain.

Like the waters that drown the vine shot and blemish
Or the poisonous saps that the feverish infect,
I drive out streams of this extraneous rubbish

To conciliate in me who shy roughness affect,
Deaf to deceptive whims, *male with female aspect*,
Head and skull with knowledge, *dough* with fermenting *yeast*."

*Eurystheus devised then the next Labour, which he was sure would
humiliate his heroic cousin. Hercules was to clean out the stables of
King Augeas in a single day. Augeas possessed vast herds of
cattle which had deposited their manure in such quantity over the
years that a thick aroma hung over the entire Peloponnesus.
Instead of employing a shovel and a basket as Eurystheus
imagined, Hercules diverted two rivers through the stable yard and
got the job done without getting dirty. But because he had
demanded payment of Augeas, Eurytheus refused to count this as
a Labour.*

IX LES ECURIES D'AUGIAS

Il dit: "Ce feu sans feu, pour lessiver le bouge,
Qu'il ruisselle. Je dois, poursuivant mes travaux,
Héberger la chimère où gîtaient des chevaux
Et libérer l'*argent* du *dartre* qui le ronge.

Le *roi vert* abaissé baise le *BELIER rouge*
Et mon palais purgé par des pensers nouveaux,
Retrouve ses degrés, ses marbres, ses niveaux,
La première clarté qui ne naît, qui ne bouge.

Comme l'eau qui l'engorge et pourrit le sarment
Ou le fiévreux le suc malsain qui le tourmente,
Je rejette en ruisseaux l'aliène élément

Pour, massif et celé, sans lune qui me mente,
En moi concilier l'*amant avec l'amante*,
La tête et le savoir, la *pâte* et le *ferment*.

Eurysthée imagina ensuite le travail suivant, pensant humilier son héroïque cousin. Nettoyer les écuries d'Augias en un seul jour. Augias possédait d'immenses troupeaux dont les excréments s'étaient accumulés au cours des ans qu'ils emplissaient le Péloponnèse de leur puanteur. Au lieu d'utiliser une pelle et un panier comme l'imaginait Eurysthée, Hercule détourna deux fleuves vers les écuries et le travail fut fait sans qu'il eut à se salir. Comme il avait réclamé un salaire à Augias, Eurysthée refusa de compter cet exploit comme un des travaux.

Taurus

X GERYON'S CATTLE

O sun, I have pursued your most deceptive gleam,
Your signs were fleeing me through the lands and the woods.
They bragged that they were BULLS. In vain. They were but does,
For on them I was able to load yoke and beam.

Your reign extends to caves that lie far from the skies.
Gold from time out of mind sparkles in my recess.
I knew that the vain deeds for which I cared are less
Rich in glaring blazes than are my darkest nights.

Since I vanquished the gods, I consider the gate
Opening on to the land where the mortals become
Godlike, no more subject to stars ruling their fate.

Lead then, plunge and bury in nights whence the days come
Hercules unconquered, Hercules overcome
By himself! Bull, who *takes* me, secret associate!

*Geryon, the owner of the famous cattle that Hercules was now
instructed to steal, had three heads and three separate bodies from
the waist down. His watchdog, Orthrus, had two heads.
This Labour took place somewhere in Spain. The hound Orthrus
rushed at Hercules as he was making off with the cattle, and the
hero killed him with a single blow from the wooden club which he
customarily carried. Geryon was killed as well, and Hercules drove
the herd back to Greece.*

26

X TROUPEAUX DE GERYON

Soleil, j'ai poursuivi tes feux fallacieux.
Tes signes me fuyaient par les bois et les friches.
Ils se disaient TAUREAUX. Ce n'étaient que des biches
Car je chargeai leur cou du joug et des essieux.

J'ai retrouvé ton règne aux grottes, loin des cieux.
L'or ignoré du temps germe au fond de mes niches
Et j'ai su que mes nuits de fournaises sont riches
Plus que ces vains exploits dont je fus soucieux.

Ayant vaincu les dieux, je contemple les portes
Qui marquent le moment où tout être est divin
Car il ne subit plus la loi d'étoiles mortes.

Mène, enfonce, enfouis aux nuits d'où le jour vint
Hercule, l'invaincu, Hercule qui se vainc,
Taureau, démon secret qui m'habites, m'*emportes.*

Géryon, le propriétaire du fameux troupeau que Hercule devait à présent voler, avait trois têtes et trois corps séparés à partir des hanches. Son chien de garde, Orthrus, avait, quant à lui, deux têtes. Ce travail se déroula en Espagne. Le chien Orthrus bondit sur Hercule qui s'enfuyait avec le troupeau.
Le héros l'abattit d'un coup de la massue qui ne le quittait jamais. Géryon subit le même sort et Hercule rentra en Grèce avec son butin.

XI HERCULES IN THE GARDEN

Onto night's fertile stubs to graft our barren vines!
Creature of the wind, forgetful of the flames,
I thought that those roses were some birds on the shrubs
For I had overlooked, Hesperides, your stems.

You're the mouth breathing air to panting Orestes
And you coat with blossoms the oozing saps you draw,
Weave the invisible as if it were willow.
Garden's double, protect my putrid other self!

I know with what danger Phaeton threatened: The blaze
Turned the meads which he left into a dusty maze
Desert spreads where he was by his folly engrossed.

Only he who saw his nocturnal TWIN, who crossed
The river whose wave from the clepsydra unties
May become a garden that sprouts and *multiplies*.

*The Hesperides were nymphs entrusted by the goddess Hera with
some apples which she had received as a wedding present. These
were kept in a grove surrounded by a high wall and guarded by a
many-headed dragon. Hercules had been told that he would never
get them without the aid of Atlas, a giant who was compelled to
support the heavens on his shoulders. The Titan told the hero to
hold the heavens while he went to retrieve the fruit. But first
Hercules had to kill the dragon. Atlas soon returned with the apples
Hercules wondered if he would mind taking back his burden just
long enough for him to fetch a pad for his shoulder. The Titan
obliged and Hercules strolled off with the apples.*

XI HERCULE AU JARDIN

Aux racines de nuit enter nos ceps arides!
Créatures du vent, oublieux du brasier,
Je croyais que la rose est l'oiseau du rosier
Car je ne voyais pas vos tiges, Hespérides!

Bouche trouvant le souffle ou halète l'Atride,
Vous qui vêtez de fleurs les sucs que vous puisez,
L'invisible tressant comme on tresse l'osier,
Jardin double, abritez mon compagnon putride!

Je connais le danger de l'Héliade. Sa
Flamme en poudre change le pré qu'il délaissa
Et le désert s'étale où régna sa folie.

Seul qui vit son JUMEAU nocturne, qui passa
Le fleuve dont le flot du clepsydre délie
Deviendra le jardin qui germe, *multiplie*.

Les Hespérides étaient des nymphes chargées par la déesse Héra de garder les pommes qu'elle avait reçues comme cadeau de noces. Elles étaient conservées dans un bois entouré d'un haut mur et gardées par un dragon polycéphale. Hercule savait qu'il ne pourrait prendre les pommes sans l'aide d'Atlas, un géant obligé de porter le ciel sur ses épaules. Le Titan dit au héros de tenir son fardeau tandis qu'il irait chercher les fruits. Mais il fallut auparavant qu'Hercule tuât le dragon. Atlas revint bientôt avec les pommes. Hercule lui demanda s'il voulait bien le soulager de sa charge juste le temps de glisser un coussin sur son épaule. Le Titan y consentit et Hercule s'esquiva avec les pommes.

Cancer

XII HERCULES IN HELL

"I've entered, don't you see?, the kingdom of the dead.
Of no use to me are bludgeon and shaft and bow.
For whoever prevails in the realm down below
Is shade and no iron could ever bend his head.

My CANKER where would lymphs as gold riches ripen
Shall presently be star. So shall my head, my chest.
In the vulture's repast I meant to be, there rest
First germs of enrichment that a man enlighten.

Am I night devourer? Or self-devouring night?
In collapsing, Hell has made me his companion,
A mixture of liquid, mud-dark and ember-bright,

Then, stone, a crucible where sun with night unite,
Whirling water, lightning, winds, mire form a union;
Anything touching me, turns into fire and light."

As his final Labour, Hercules was instructed to bring the hellhound Cerberus up from Hades, the kingdom of the dead. He glowered so fiercely at Charon that he meekly conveyed him across the Styx. The great challenge was Cerberus, who had razor teeth, three heads, a venomous snake for a tail and another swarm of snakes growing out of his back. These lashed at Hercules while Cerberus lunged for a purchase on his throat. Fortunately, the hero was wearing his trusty lion's skin, which was impenetrable. Hercules eventually choked Cerberus into submission and dragged him to Tiryns, where he received due credit for this final Labour.

30

XII HERCULE AUX ENFERS

"Voici que j'ai gagné le royaume des morts.
Je dois laisser la masse et la flèche et la force.
Les divins règneront qui veillaient sous l'écorce
Et, fantômes, du fer ignorerons le mors.

Mon CHANCRE où mûrissaient les lymphes et les ors
Sera astre bientôt, et mon chef, et mon torse,
Car le mets du vautour ne se savait l'amorce
Du resplendissement d'un seul être en trésors.

Suis-je mangeur des nuits? Suis-je nuit qui me mange?
L'enfer en s'écroulant m'a fait pareil à lui,
Braise, boue et ruisseau dont je suis le mélange,

Puis pierre où sont unis le soleil et la nuit,
L'eau bouillonnant, les vents, les éclairs et la fange,
Et tout ce qui m'effleure en feu se change et luit."

Comme travail ultime, Hercule fut chargé de rapporter Cerbère, le chien de l'Hadès, du royaume des morts. Il jeta à Charon un regard si menaçant que celui-ci ne fit pas de difficultés pour lui faire franchir le Styx. La grande épreuve, c'était Cerbère aux dents acérées, aux trois têtes, dont la queue était un serpent et dont le dos engendrait d'autres serpents. Ceux-ci frappaient Hercule, tandis que Cerbère s'employait à le mordre à la gorge. Par bonheur, le héros était revêtu de sa fidèle crinière de lion qui était impénétrable. Hercule finit par étouffer Cerbère jusqu'à ce qu'il se soumette et l'entraîna vers Tirynthe, où cet exploit final fut salué comme il convient.

OETA

Now the fire had seized him and, being not fire himself,
Only thirsty of fire, he felt the painful dread
And the thwarted desire which gnawed at him and spread,
Causing a scream to burst forth from his inmost flesh.

This flesh felt how firebrands soothed when they left it alone,
Before it had vanished into reek, smoke and steam
And annihilation and he chose as his aim
To swap this nothingness for an absolute one.

When his night set to yield, he knew that were but vain
This fire that does not burn, this flow that does not drain,
This earth that does not stand, this air that does not blow,

But for a challenging god whom he could not know
Before his labours had brought him the final blow,
And that his flesh was tomb and flight - and *binding* chain.

*It was poisonous Hydra venom that eventually brought about
Hercules' death. He had allowed a centaur to ferry his wife
Deianara across a river, and the centaur had attacked her on the
other side. Hercules killed him with an arrow poisoned with the
venom. Before he died the centaur told Deianara to keep some of
his blood for a love potion. Deianara used some on Hercules' tunic
to keep him faithful. Hercules donned the tunic and died in agony
from which he was only relieved by immolating himself on a pyre.
By virtue of his spectacular achievements, he was given divine
immortality, a home on Mount Olympus and the goddess Hebe for
a wife*

OETA

Or le feu le saisit et n'étant feu lui-même,
Mais désireux du feu, par sa neuve douleur
Il découvrit son cri gisant en profondeur
Et le désir brimé qui se ronge et s'essaime.

Puis sa chair des brandons sut la halte et le chrème
Avant de s'éclipser en fumée, en ardeur,
En néant, connaissant qu'était son but et heur
D'échanger ce néant contre un néant suprême.

Au déclin de sa nuit, il sut qu'ils n'étaient rien,
Ce feu qui ne détruit, cette eau qui ne pénètre,
Ni cet air qui ne souffle ou ce sol qui ne tient,

Hors le défi d'un dieu qu'il ne pouvait connaître
Avant, par ses travaux, d'avoir trouvé son maître,
Et que sa chair était tombe et vol -et lien.

C'est le venin empoisonné de l'hydre qui fut à l'origine de la mort d'Hercule. Il avait laissé un centaure porter sa femme Déjanire pour franchir un fleuve et celui-ci l'avait attaquée après avoir pris pied sur l'autre rive. Hercule l'abattit d'une flèche empoisonnée par le venin. Avant de mourir, le centaure conseilla à Déjanire de recueillir un peu de son sang pour en faire un philtre d'amour. Déjanire en imbiba la tunique d'Hercule pour s'assurer de sa fidélité. Hercule revêtit la tunique et mourut dans des souffrances auxquelles il ne put mettre fin qu'en s'immolant sur un bûcher sur le mont Oeta. En raison de ses hauts-faits, il fut admis au rang des dieux sur l'Olympe où il prit pour femme la déesse Hébé.

Tabula Smaragdina
Matthäus Merian (1593 - 1650)

THE EMERALD TABLET

1 Published in 1618 by the Swiss engraver Matthäus Merian to illustrate Daniel Mylius"Opus Medico-Chemycum', this 'Emerald Tablet' sums up the contents of the homonymous work ascribed to the legendary Hermes Trismegistus.

2 The picture is divided into the 'Above' and the 'Below' by a sharp line. Above, the Sun of the One Mind shines behind the sun which Hermes calls 'The Maker Mind', haunted by 29 cherubs who are archetypal thoughts of God, whereby 29 is equivalent to the number 2 (2+9=11, 1+1=2), thus signifying the embryonic division of this One Mind who created The Maker Mind who carried on the primary creation thanks to the archetypes. There are three suns amidst the cherubs, the Holy Trinity of the Alchemists: Sulphur (with Jehovah's tetragrammaton -God the Father), Mercury (the Son, the sacrificial Lamb) and Salt (the Dove of the Holy Ghost hidden in matter), or else: the One Mind, the Transformation and the primal One Thing.

3 The Below is divided into solar daytime and lunar night time At the bottom: the purified 4 elements in crystal balls carried by 2 birds on their wings: on the left, Fire and Air rise with the reborn Phoenix representing a spiritual process, whereas on the right, Water and Earth sink, held in the wings of a real bird the Eagle, a physical process.

4 The left solar side of the picture symbolises the Calcinations The Red Lion stands for masculine energy in the Great Work. He wears a collar of stars which is the constellation of Leo. Hi right foot rests on seven-rayed sun and his other foot on the wing of the Phoenix. A naked man reaches him a 13-rayed sur symbol of the hermetic mysteries that were formerly revealed to mankind: it is Sol, the Sun, the masculine component of nature, whose genitals and right breast are covered by a smal sun, while his other breast is covered by a moon, the feminine element in all men. The 7 rays of the other suns are the "7 steps of enlightenment" making up the Emerald Formula. Sol

36

LA TABLE D' EMERAUDE

1 Publiée en 1618 par le graveur suisse Matthäus Merian pour illustrer l'' Opus Medico - Chemycum' de Daniel Mylius, cette 'Tablo d'émeraude' synthétise le contenu de l'ouvrage du même nom attribué au légendaire Hermès Trismégiste.

2 L'image est divisée entre 'l'En -Haut' et 'l'En -Bas' par un trait de séparation bien évident. En Haut, le Soleil de l'Esprit Unique, brille derrière le soleil qu'Hermès appelle l' 'Esprit Démiurge' où volent 29 chérubins qui sont les pensées archétypales de Dieu. 29 étant équivalent à 2 (2+9=11, 1+1=2), ce chiffre exprime la division embryonnaire de cet Esprit Unique qui créa l'Esprit démiurge auteur de la création première grâce aux archétypes. Trois soleils figurent au milieu des chérubins: c'est la Sainte Trinité des alchimistes: le Soufre (avec le tétragramme de Jéhovah -Dieu le Père), le Mercure (le fils, l'Agneau sacrificiel) et le Sel (la Colombe de l'Esprit caché dans la matière), ou encore: l'Esprit unique, la Transformation et la Chose unique et primordiale.

3 L' En -Bas est divisé en jour solaire et nuit lunaire. A la partie inférieure: les 4 éléments purifiés dans des boules de cristal que 2 oiseaux abritent sous leurs ailes: A gauche le feu et l'air prennent leur essor, suivant le Phénix renaissant, processus spirituel, tandis qu'à droite l'eau et la terre sont ramenés vers le sol par un oiseau réel, l'aigle, processus physique.

4 La partie solaire du tableau symbolise la Calcination. Le Lion rouge symbolise l'énergie masculine du Grand Oeuvre. Il porte un collier d'étoiles qui est la constellation du Lion. Sa patte droite repose sur un soleil à 7 rayons et la gauche sur l'aile du Phénix. Un homme nu lui remet un soleil à 13 rayons, symbole des mystères hermétiques autrefois révélés à l'humanité: c'est Sol, le Soleil, composante masculine de la nature, dont le sexe et le sein droit sont couverts d'un petit soleil, tandis que son autre sein l'est d'une petite lune, élément féminin qui existe en tout homme. Les 7 rayons des autres soleils sont les 7 "marches des lumières" qui constituent la Formule d'Emeraude. Sol est enchaîné par la main droite aux Nuages

is chained by his left hand to the Clouds of Unknowing, which prevent us from experiencing the splendid Above.

5 The dark part represent the Dissolution. The "Fugitive stag" of the alchemists symbolises the feminine energy of the Work. Each of its 12 antlers has a star over it: the zodiac. Its is Acteon, the hunter who was turned into a stag by Artemis because he had watched her while she was bathing. Diana-Artemis expresses the deep creative and curative powers of the subconscious mind and nature. Acteon's left foot rests on the earth and his right foot on the wing of the eagle. He holds in his left hand a 3-leaf clover, the 3 heavenly forces, expressed in nature, while he passes the Moon on to a naked woman, Luna, the feminine component of everyone's personality. Her genitals and left breast are covered by a crescent moon and her right breast by a 7-rayed sun which is the active but intuitive within women and from which streams a flow of stars, the Milky Way, immediately absorbed by the earth. She straddles over the Hermetic River to lay her right foot on the eagle. In her left hand she holds a bunch of grapes a symbol of sacrifice and is chained, too, to the Clouds of Unknowing.

6 The central part of the Below is occupied by a hermaphrodite holding 2 starry tools that are the faculties of Discernment and Separation: the Alchemist who could cut the chains of unknowing which tied Sol and Luna and balance the powerful forces of sexual attraction. He was able to see through the Clouds of Unknowing, to be master of his instincts and let prevail the archetypal powers. It is the successful conjunction of the opposing forces to his right and left. Half of his robe is black with white stars and the other half in opposite colours. Every aspect of his personality contents the seed of its opposite, not destroyed but harmoniously integrated. He stands, on the side of a mountain, on 2 lions with a single head: the Red Lion on the left and the Green Lion on the right. The sources of fire and water emerging behind them show that they represent Sulphur and Mercury, which unite to produce the Ferment, the precursor of the Philosopher's Stone, the substance flowing from the common mouth of the monsters.

de l'Ignorance, qui nous empêchent d'accéder aux splendeurs d'En haut.

5 La sombre partie lunaire représente la Dissolution. Le "Cerf fugitif" des alchimistes symbolise l'énergie féminine de l'Oeuvre. Chacun de ses 12 andouillers est surmonté d'une étoile: le zodiac. C'est Actéon le chasseur, transformé en cerf par Artémis pour l'avoir surprise au bain. Diane -Artémis exprime les pouvoirs créateurs et curatifs du subconscient et de la nature. Le pied gauche d'Actéon repose sur la terre et le droit sur l'aile de l'aigle. Il tient de la main gauche un trèfle à trois feuilles, les 3 forces célestes qui s'expriment dans la nature, tandis que de l'autre main, il remet la Lune à la femme dévêtue, Luna, la composante féminine de chaque personnalité. Son sexe et son sein gauche sont couverts d'un croissant de lune et son sein droit d'un soleil à 7 rayons, la force active mais intuitive des femmes dont s'écoule un flot d'étoiles, la Voie lactée, qui disparaît aussitôt dans la terre. Elle enjambe le Fleuve hermétique pour poser son pied droit sur l'aigle. De la main gauche, elle tient une grappe de raisin, symbole de sacrifice et est, elle aussi, reliée aux Nuages de l'Ignorance.

6 La partie centrale d'En Bas est occupée par un hermaphrodite brandissant 2 outils constellés qui sont les facultés de Discernement et de Séparation: c'est l'Alchimiste qui a pu trancher les chaînes de l'ignorance qui entravent Sol et Luna et équilibrer les puissantes forces de l'attraction sexuelle. Il a pu voir au delà des Nuages de l'Ignorance, dominer ses instincts et faire jouer l'influence des puissances archétypales. Il est l'heureuse conjonction des forces qui s'opposent à sa droite et à sa gauche. La moitié de sa robe est noire et constellée d'étoiles blanches et l'autre semblable, mais de couleurs inversées. Chaque aspect de sa personnalité contient donc en germe son opposé qu'il n'a pas détruit, mais harmonieusement intégré. Il se tient à flanc de montagne sur 2 lions qui n'ont qu'une seule tête: le Lion Rouge à gauche et le Lion Vert à droite. Les sources de feu et d'eau qui jaillissent derrière eux indiquent qu'il s'agit du Soufre et du Mercure que l'alchimiste unit pour donner le Ferment, précurseur de la

The alchemist himself is union of Fire and Water, that is to say, of rational and irrational, reason and instinct, male and female.

7 Behind the alchemist are 3 rows of trees representing the 7 operations of alchemy that should be done 3 times. The first two rows contain 6 bushes culminating in the Tree of Gold at the summit of the mountain. Each bush bears a sign for one of the pure metals. The Clouds of Unknowing and the Powers Above touch the top of the tree with the sign for gold. This is the Fermentation of the purified essence by these forces. A vertical line joins the Ferment flowing from the mouth of the double lion, Below to the name of God, Above. This is the Cosmic Axis of reality, connecting the Alchemist through the Tree of Gold and the Central Stone directly to God and leads through the three realms: the physical Realm, the Realm of Soul and, at the highest point, the Realm of Spirit..

8 The first area encountered along this vertical axis is the Ring of Stars of which the seven larger ones symbolize the 7 alchemical operations as principles universally available to sentient species. Then a semicircle where are represented the 5 steps leading to the Quintessence: the Ring of Planets whose scenes depict the bird associated to each of them: the black Crow of calcination (Saturn), the white Goose of dissolution (Jupiter), the Cock of Conjunction (Earth), the Pelican of Distillation (Venus) and the Phoenix of Coagulation (Sun).

9 Above the Ring of Planets is a central sphere partaking of all realms and made up of 7 concentric layers. The 7 layers must be passed to reach the Stone, the inmost sphere where a triangle is inscribed. The first sphere contains the 12 signs of zodiac, archetypes of the personality, that are burnt away by the fires of existence in the process of Calcination. The

Pierre philosophale, cette substance qui coule de la gueule commune des monstres. L'alchimiste est lui-même union du Feu et de l'Eau, de la raison et de l'irrationnel, de la réflexion et de l'instinct, du masculin et du féminin.

7 Derrière l'alchimiste se dressent 3 rangées d'arbres représentant les 7 opérations alchimiques que l'on doit faire 3 fois. Les 2 premières rangées contiennent 6 arbustes surplombés par L' Arbre d'Or au sommet de la montagne. Chaque arbuste porte le signe d'un métal pur. Les Nuages de l'Ignorance et les puissances d' En -haut touchent le sommet de l'arbre central portant le signe de l'or. C'est la Fermentation de l'essence purifiée par lesdites puissances. Une ligne verticale joint le Ferment s'écoulant de la gueule du double lion, en Bas et le nom de Dieu, en Haut. C'est l'Axe cosmique de la réalité qui relie l'Alchimiste, à travers l'Arbre de l'Or et la Pierre centrale, directement à Dieu et traverse les trois domaines de la Matière, de l'Âme et de l'Esprit au point culminant.

8 Le premier domaine rencontré en suivant cet axe est l'Anneau des Etoiles dont les 7 plus grandes symbolisent les 7 opérations alchimiques en tant que principes universellement accessibles aux êtres doués de sens. On trouve ensuite un demi-cercle où sont symbolisées les 5 étapes de la Quintessence, l'Anneau des Planètes dont les tableaux présentent l'oiseau associé à chacune d'elles: le corbeau noir de la calcination (Saturne), l'oie blanche de la dissolution (Jupiter), le coq de la conjonction (Terre), le pélican de la distillation (Vénus) et le phénix de la coagulation (Soleil).

9 Au dessus des Anneaux des Etoiles et des Planètes, on trouve une sphère centrale qui participe de tous les domaines et se compose de 7 couches concentriques : les 7 étapes à franchir pour parvenir à la Pierre, la sphère où s'inscrit un triangle. La première sphère contient les signes du zodiac, archétypes de la personnalité qui sont brûlés par les feux de l'existence au cour de la Calcination. La deuxième porte des

second one is inscribed with Latin words meaning "Year of the Winds", "Year of the Sun", "Year of the Stars", transpersonal archetypes released during long process of Dissolution. The third sphere contains the 3 kinds of Mercury (Common, Somatic and Philosophical) that correspond with the 3 essences of the soul released in the previous 2 operations and saved during the filtering process of Separation. The fourth sphere names the three kinds of Sulphur (Combustible, Fixed and Volatile or Ethereal). These forces are the driving spiritual forces of the Conjunction in which antagonistic parts of our personality, the Mercury and Sulphur in our being are united to reach their common goal of Transformation. The fifth sphere is the sphere of the Quintessence, a matter or a salt unveiled during the Fermentation. In this sphere are inscribed 3 types of Salt (Elementary, Salt of the Earth and Central Salt). The sixth sphere is inscribed with a message in Latin: "You must find the four grades of Fire of the Work". We have seen that these four grades refer to the various states of consciousness that must be purified and united during Distillation, lest they could contaminate the Work in its final stage.

10 The seventh and innermost sphere contains a central upward-pointing triangle of Fire, representing the sublimated state of distilled consciousness, congealed in the Above. In this triangle is drawn the symbol for the exalted Mercury, the Monad or the One Thing perfected, which is the Stone. This is the convergence point in our minds and personalities where all things come together as one. To the left of the large triangle is a smaller, downward-pointing triangle representing Water or Mercury; to the right another upward-pointing triangle representing Fire or Sulphur. Below, the Star of David symbolises Salt, the union of Fire and Water, the permanent convergence of the Above and the Below.

,.

inscriptions latines "Année des Vents", "Année du Soleil", "Année des Etoiles", archétypes trans-personnels issus du long processus de Dissolution. La troisième sphère désigne les 3 sortes de mercure (commun, somatique et philosophique) qui correspondent aux 3 essences de l'âme dégagées au cours des 2 opérations précédentes et conservées grâce au processus de Séparation. La 4ème sphère nomme les 3 sortes de Soufre (combustible, fixe, volatil ou éthéré). Ces forces sont les passions motrices spirituelles de la Conjonction au cours de laquelle les parts opposées de notre personnalité, le mercure et le soufre de notre être sont unis en vue de leur objectif commun de Transformation. La 5ème sphère est celle de la Quintessence, une matière ou un sel révélé par la Fermentation et y sont inscrits les 3 types de Sel (l'Elémentaire, le Sel de la Terre, et le Sel Central). La 6ème sphère contient un message en latin: "Il te faut franchir les quatre degrés du Feu de l'Oeuvre". On a vu que ces 4 degrés ont trait aux différents états de conscience qu'il convient de purifier et d'unir pendant la Distillation pour qu'ils ne contaminent pas l'Oeuvre à son stade final.

10 La septième sphère, la sphère centrale, contient un triangle de Feu, pointe en haut, qui représente le stade sublimé de l'état de conscience figé au sein de l' En- haut. Dans ce triangle est dessiné le symbole du Mercure exalté,de la Monade ou de la Chose Unique parfaite qui est la Pierre philosophale. C'est là que convergent dans nos consciences et nos personnalités toutes choses pour se fondre en la chose unique. A gauche du grand triangle, on en voit un plus petit, pointe en bas qui représente l'eau ou le mercure; à droite un autre triangle, pointe en haut, symbolise le feu ou le soufre. En dessous c'est l'étoile de David qui symbolise le sel, l'union du feu et de l'eau, la convergence permanente de l' En -haut et de l' En -bas.

11 The whole engraving shows how the Mercury of our spirits is purified in the Work, when, united with the Sulphur of our souls, it undergoes Coagulation to form the Salt of the Philosophers, the state of consciousness, immortal, permanently enlightened and wholly incarnated, known as the Stone. Like the concentric target that it forms at the very centre of this picture, this is our perfected being and ultimate home

----

12 Michel Galiana lavishly draws from this source ideas and pictures and his poetic work abounds in direct or indirect references to hermetic concepts.

Source: "The Emerald Tablet (Penguin 1999) by Dennis William HAUCK

11 L'ensemble du tableau montre comment le Mercure de nos esprits est purifié par le Grand Oeuvre lorsque, uni au Soufre de nos âmes il subit la Coagulation pour former le Sel des Philosophes, cet état de conscience, immortel, de permanente illumination et totalement incarné qu'est la Pierre philosophale. Comme la cible qu'elle constitue au centre de cette gravure, elle est notre être parvenu à la perfection, notre ultime foyer.

----

12 Michel Galiana puise en abondance à cette source d'idées et d'images et nombreuses sont ses poésies qui contiennent des références directes ou indirectes à ces conceptions hermétiques.

Source: "The Emerald Tablet (Penguin 1999) by Dennis William HAUCK

Triumphing Hermes

Hermès triomphant

THE TRIUMPH OF HERMES

*The sonnets collected together in this manuscript
were in part published in "The Dream in the Orchard".
They have in common a mysterious, "hermetic" character,
in the full meaning of the word for some of them.*

LE TRIOMPHE D'HERMES

Une partie des sonnets réunis dans ce manuscrit furent publiés dans "Le songe du verger".
Ils ont en commun leur caractère mystérieux, voire "hermétique" (proprio sensu pour certains d'entre eux).

THE BIRTH OF THE LYRE

I Passed
             A carapace harbouring sheer silence,
It smelled of mud and silt, motionless on the path,
A shell where nights gather, if not a cenotaph,
Evoking thoughtless stone more than intelligence.

I pulled out the entrails that filled its paunchy skin,
I removed all the bones from the gold-crimson case,
I tightened seven guts my hand prompted to wave
Making of them a source from which music would spring.

There where light never gets I have caused tones to rise.
The enlarged canopy echoed to memorize,
Became a lucid vault simulating the world.

Devoid of self you were, like this stone, rough and wrong:
But as far as in you sound only fruitful words,
You're the cave where begets itself and live the song.

LA NAISSANCE DE LA LYRE

Je passais.
         Carapace hébergeant du silence,
Elle flairait la boue, ignorait le chemin,
Réceptacle des nuits, si caverne demain,
Plus semblable au caillou qu'à tout être qui pense.

J'extirpai le boyau dont s'encombrait sa panse,
Je dérobai son os sous l'or et le carmin,
Puis je tendis sept nerfs qui vibrant sous ma main
Furent la source d'où la musique s'épanche.

Où le jour n'abordait je fis lever le son.
La voûte s'élargit, répéta ma leçon,
Fut clarté, firmament, simulacre du monde.

Vide de toi, pareille à ce caillou méchant,
Et ne laissant régner que le mot qui féconde
Sois la grotte vivante où s'engendre le chant.

SPRINGTIME IN AN ITALIAN GARDEN

To let eternity inhabit your nascence
And this garden loosing its ingenuousness shun,
Your bosom has gathered from the rose the essence,
As did your lip the blood of dashing carnations.

Your hair was an ocean where many ships would wreck,
Your body a grotto that one call fills and grieves -
Lavish Boboli Hill, short-lasting firework,
For flesh is the soil where fleeting instants flourish!

While slowly to an end comes your declining chant,
I'll be able to foil all the vermin's attempts
And retain in my words what your May used to be.

From term or vacancy my garden is exempt.
Busy ado shall there well preserve your essence
And desire never be fruitless, base or ugly.

PRINTEMPS DANS UN JARDIN ITALIEN

Pour que l'éternité hante votre printemps
Et garde le jardin que sa candeur s'achève,
Votre sein de la rose appréhenda la sève,
Votre lèvre le sang des oeillets éclatants.

Flots furent vos cheveux aux naufrages latents,
Caverne votre corps que l'appel peuple et grève
-Apothéose (Boboli somptueux) brève-
Car la chair est l'humus où germent les instants.

Tandis qu'à son déclin votre chant s'achemine,
Je saurai déjouer l'appel de la vermine
Et fixer par des mots ce que fut votre avril.

Mon jardin ne connaît de terme ni d'absence.
Son rythme studieux gardera votre essence
Et le désir jamais n'y sera vain, ni vil.

SUMMER ON THE GRAND CANAL

The Carpet makes the Cart a gift of space, galore,
And space does triumph there where four poplar trees soar.
Neat flight of steps, flat ponds, deftly trimmed greenery
Compose your harmony or, vulture, your eyrie.

This hoopnet was devised by the proud king fisher
To entangle your strength and break your reluctance:
He thought sun would comfort his proud lure's appearance
Since he allowed nothing to challenge his splendour.

Your furnace into bronze, into marble your shine
Melted, whereas your strength was caught in a stone shrine
That the world's Arcanum hid in figure and chord.

Thus, within the palace, exalted and divine,
Sparkles, a rosy field where light and night combine,
A stone which is the whole edifice's support.

L' ETE SUR LE GRAND CANAL

Le Tapis au Cocher offre son don, l'espace,
Et l'espace triomphe où pointent quatre fûts.
Degrés nets, bassins plats, feuillages non confus
Composent ta musique, ou ton aire, rapace.

Le monarque pêcheur entrelaça la nasse
Où s'empêtre ta force et cèdent tes refus
Pensant que le soleil était le digne affût
De qui ne supportait splendeur qui le surpasse.

Ton brasier devint bronze et marbre ton éclat.
La pierre ensevelit ta puissance et céla
Sous le chiffre et l'accord le mot secret du monde-

Comme au fond du palais dont un dieu nous aila
Rayonne, champ de chair pour que la nuit s'y fonde,
Une pierre sur qui l'édifice se fonde.

AUTUMN IN A GARDEN OF KYOTO

In order to prevent Autumn and its emblem
From voiding weighty woods and spread out greeneries
And to dyke up the flood which the seasons carries
And let time in its locks, motionless, retain them,

I have with a wall closed the page where roars my rest,
Laid fifteen bare pebbles that by their orison,
Their number and their weight should relieve my reason,
By their whiteness quarter the uniform whiteness

Which is woven by peace and meandering track
Where a footstep is path and love is the lover,
Where it is not the sand that has confined the rock,

But a meticulously ploughed, narrow furrow,
A slumberlike network with arising rigour
Or, soaring thought engraved into sand intaglio.

L' AUTOMNE DANS UN JARDIN DE KYOTO

Pour que n'annule pas de son signe l'automne
La pesanteur des bois, l'ampleur des frondaisons
Et, muselé le flux qui pousse les saisons,
Qu'en écluse le temps, immobile, cantonne,

J'ai d'un mur interdit la page où ma paix tonne,
Et quinze cailloux nus posé leurs oraisons,
Par l'algèbre et leur poids relayant mes raisons,
Blancheurs écartelant la blancheur monotone

Que tissent le silence et ce cheminement
Où le pas est la voie, où l'amour est l'amant,
Où le rocher n'admet que le sable s'achève,

Mais des sillons étroits creusés exactement -
Sommeil, réseau mouvant quand la rigueur se lève
Ou vol d'une pensée empreinte sur la grève.

WINTER IN THE SUMMER PALACE IN PEKIN

Does the growth of the pine which wintertime now ends
Keep unchanged and buried in the tomb of the stems
Until next year, summer's vertiginous ascent,
In wait of far April and hurried frondescence?

A cloak of ice covered the garden where the gush
Of the cascades freezes in everlasting hush.
The marmoreal shafts that the North wind lashes
May be inwardly stone, of frost are their faces.

But when the soil borrows from rock its constancy,
The sap that it contains would be a penalty
Once winter's bolts and locks have broken up their chain

And life, so long fettered, sets to spring up again
If the forgotten frost were not an iron fist
That with its broken beat sheathes the virescent twigs.

L' HIVER AU PALAIS D' ETE DE PEKIN

L'ascension du pin que l'hiver interrompt
Immortalise-t-elle au tombeau d'une tige
L'été qui doit passer l'an, envol et vertige,
L'attente de l'avril et du feuillage prompt?

La glace a revêtu le jardin où le bond
Des cascades, instant perpétué, se fige.
Le fût marmoréen que la bise fustige
Est pierre par le coeur et givre par le front.

Mais quand le sol au roc emprunte la constance,
La sève qu'il contient serait sa pénitence
Lorsque se briseront les verrous de l'hiver

Et que la vie hostile aura sa renaissance
Si le gel oublié n'était poigne de fer
D'un rythme inachevé gainant le rameau vert.

THE BIRD 'S CHANT

Though of feathers and flesh, you're nonetheless of flight.
Do you carry this chant? Does this chant carry you?
Crystal gem born from ore -opaque- gateway or tomb,
The source of your voice was by elation denied.

Look-out who claims to set to your soaring your law,
You forget that a blade is stronger than a wing
(If our fate may be ruled by stars dead but gleaming,
Which word does through your mouth convey faith and
credo?)

But, echoing your shade and mirroring your chant,
You clothe in trills the cloud of which you're occupant,
Unaware that you are akin to death and night,

A sword has set apart your warbling and your wing
And the song now resounds calling for their wedding
So that blood may be stirred by never dawning light.

LE CHANT D' OISEAU

De plumes et d'un corps et de vol toutefois.
Est-ce toi qui le chant ou le chant qui te porte?
Cristal né du métal -opaque- tombe ou porte,
Ton ivresse niait la source de ta voix.

Vigie à ton essor voulant fixer tes lois,
Oubliant que la lame est plus que l'aile forte
(Si tissent nos destins les feux d'étoiles mortes,
Quel verbe par ta bouche achemine sa foi?)

Mais écho, de ton ombre ombre et reflet, mirage
Qui de trilles vêtu habites le nuage,
Ignorant que ton frère est de mort et de nuit,

Le glaive sépara ta musique et ton aile
Et le chant désormais à leurs noces appelle
Pour qu'éveille le sang ce jour qui n'a pas lui.

THE TRIUMPH OF HERMES

Here are star, wind and cave and stream, all in a line
But dance appears which is tarantella, madness.
There, where my dream begins, ceases the universe.
What folly has seized me on the brink of decline?

The sky engulfed the path on which had roamed the tramp.
Streets and farmsteads were left hanging on the same void.
I chose to be as merciless as the robbed gods
And of the Chosen ones to discard wreath and rank.

You were not able to bury in songs the lure.
Nor to drown the call for help of this forlorn ship,
In my flesh, like a field, with the seed of the hour.

Trials assigned to me I never strove to skip,
And wander in my night, on a long, obscure trip
In quest of a boundless, dilapidated moor.

HERMES TRIOMPHANT

Voici l'astre, le vent, la grotte, le torrent...
Mais la danse surgie est pas, ronde, démence.
L'univers s'abolit où mon rêve commence.
Au seuil de mon déclin quel délire me prend?

Le ciel a dévoré le chemin de l'errant.
Dans un même néant gisent routes et manses.
Des dieux dépossédés je choisis l'inclémence
Et non pas des élus la couronne et le rang.

Vous n'avez sous le chant enseveli le leurre
Ni recouvert l'appel de ce vaisseau perdu.
Dans ma chair, comme un champ, la semence de l'heure.

Je n'ai pas déserté le destin qui m'est dû
Et chemine à ma nuit, obscur vagabond du
Pays qui n'a de borne et dont rien ne demeure.

TEMPTATION

There to merge where from cry begets itself silence!
Alone, in this spinning whirlpool beyond knowledge!
Dizziness. Dark lightning was flashed by my challenge.
I saw the threshold spark which was hit by my lance.

Should the game of the survivor tempt my fury,
A cave on the shadow hillside be my abode!
Back from a long quest, I shall have no heir nor gold,
But a long weariness, but an endless folly.

My rejected book is spread about, torn and scorched,
Shall I give up this dream of mine, which is but vain,
With the fire of reason light up my Sibyl's cave?

Hermes, wake up in me your spirit, light your torch,
And once I've left my den behind, become my den,
And once I've left my grave, Hermes, become my grave!

TENTATION

S'enfoncer où du cri s'enfante le silence!
Seul, en ce tourbillon qui passe le savoir.
Vertige. Mes défis allumaient l'éclair noir.
J'ai vu briller le seuil qu'on heurte de la lance.

Au jeu du seul vivant, si ma hargne se lance,
La grotte à flanc de nuit m'assigne son manoir.
Ayant quêté longtemps, je n'aurai ors ni hoirs,
Que déraison sans fin, que longue somnolence.

Mon livre rejeté se disperse, lambeaux.
Saurai-je dissiper ce songe qui me berne
Et du feu de sagesse éclairer mon Averne?

Hermès, éveille en moi ton esprit, ton flambeau,
Pour, la caverne fuie, devenir ma caverne,
Le tombeau délaissé, devenir mon tombeau.

FORGER

Forger who ventures to start a career as thief,
Be not overcome by the demon who haunts you.
No fire would inhabit the mould you strive to hew,
Nor the artificial words entwined in your speech.

Accept the assistance of your guardian shadow,
Who commands alien craft, whose help is perilous,
But whose eyes, shut, for you will fathom the darkness
And clear a secure path, the shortest one also.

A wraith - if privilege of a wraith is to know
Where life arises, and which way thither to go
And the language ravished from the breath of the dead -

A wraith - if, wherever the flesh clings to some breath,
There must needs be a shade, a lane or a chasm,
Or a handkerchief that over the stream is waved.

FAUSSAIRE

Faussaire qui du vol oses tenter le cours,
Ne laisse triompher le démon qui t'obsède.
Le feu n'habiterait la forme qui te cède
Ni, factices, les mots qui tressent ton discours.

De l'ombre qui te veille accepte le secours.
Etrange est son savoir, périlleuse son aide,
Mais qui les yeux fermés dans la nuit te précède
T'ouvre le sentier sûr, le chemin le plus court.

Fantôme - si connaître est d'un spectre domaine
Où se lève la vie, et la route qui mène,
Et la langue ravie à l'haleine des morts -

Fantôme - si la chair où s'attache du souffle
N'était plus sûrement spectre, passage, gouffre,
Ou mouchoir agité d'un bord vers l'autre bord.

GARDENS

Gardens. An explosion that the sprouts start and urge.
Canopy full of glee, abyss full of perfumes
Where from hiding ember arise some strident fumes
So that with surging saps the captive air may merge.

Mirror of night, the grain, enslaved, expands its dream
Stubbornly, in patient and burning endeavour,
And this hushed up chaos, proclaimed by each flower,
Haunts the sleep of silent torches. Where is the gleam,

That used to clothe me once, and where was the belief,
Once buried in a womb, that my way I would cleave
Through a dark, wound-like yard - where, bloodstained,
the gates stay -

Towards deliverance made up as destiny?
If the seeds of my mind enclose your infancy,
They're not confined within the calyx - I hold sway.

JARDINS

Jardins. Explosion que le germe ouvre et aile.
Allégresse aux sommets, parfums aux profondeurs
Où les feux ignorés allument des strideurs
Pour aux sucs convulsés que l'air captif se mêle.

Miroir de nuit. La graine esclave, la rebelle
Dilate son rêve - efforts, patience, ardeur -
Et ce chaos tu chantant par la voix des fleurs,
Songe têtu de flambeaux muets. Où gît-elle

La flamme qui me vêtit, où fut cet espoir,
En ventre de chair enfoui, fendre le noir
D'un jardin pareil à la plaie - ô porte saigne -

D'une délivrance au visage de destin?
Ma semence d'esprit renferme ton matin
Mais ne s'arrête pas au calice - Je règne.

FOREST

If ever you enter once into my wood,
O my guest, you'll find there no path and no source.
And under the coppice the hour, muffled, sounds.
The moan of a dead bird, constantly echoed,

Would haunt gleaming trunks, as gleam, under the shroud
Of your dreams, the waters where times still abide.
Be quiet. Why have you now an obsessive fright?
You seem to be buried - in waiting - and would

Not have breathed a word, if my mouth had kept quiet.
Your body turns into my ember, my night
In this forest whose name has remained unknown.

Sleep now. For my voice is a promise, a moon.
A flash of bright lightning. I'll wake you as soon
As dawn gleams. The watchman's time for me has come.

FORET

Lorsque tu pénètreras dans ma forêt,
Oh mon hôte, ni sentier, ni source. L'heure
Assourdie sous les forêts. Une plainte
D'oiseau mort dont l'écho toujours hanterait

Les troncs luisants, comme luisent, au secret
De tes rêves, les eaux où le temps demeure.
Silence. Car te voici hantise, crainte,
Ensevelissement - attente - et n'aurait

Ta bouche un souffle si n'eût parlé ma bouche,
Et tout ton corps devient ma braise, ma couche,
En cette forêt dont le nom est ailleurs.

Repose. Ma voix est promesse, lumière.
L'éclair luit. Je te dirai l'aube première,
La naissance. Voici le temps du veilleur.

THE HELMSMAN

Are you the light dancing ahead of the bowsprit?
The reef you're heading for, which will be your respite?
Yet I am the helmsman and I steer and I weight
My holds with your ballast of darkness and of silt.

An obscure companion whom nobody would fool,
My voice never lowers even amidst your dreams.
Since you cannot forecast where your own star appears,
How shall you recognize the god whom you extol?

Become the night. Become oblivion. Be silent.
My voice never has ceased since you were an infant.
It's your Ariadne's clue, the toll for your passage,

The bridge across the swirls and rapids of old age.
When the destination and the hour you attain,
Off you throw your shadow!

My song, still, shall remain.

LE NAUTONIER

Es-tu le feu qui danse devant la proue?
Le récif qui sera ton but et ta trêve?
Moi, je suis nautonier qui guide et grève,
A fond de cale, ton poids de nuit, de boue.

Compagnon obscur et dont nul ne se joue
Ma voix ne se tait pas au coeur de ton rêve.
Toi qui ne sais pas où ton étoile se lève,
Comment connaîtrais-tu le dieu que tu loues?

Deviens la nuit. Deviens oubli. Fais silence.
Ma voix n'a pas cessé depuis ton enfance.
Elle est ton fil, l'obole pour ton passage,

Le pont lancé sur les rapides de l'âge.
Et lorsque tu auras atteint le point et l'heure,
Jette au courant ton ombre.

        Mon chant demeure.

HERMES SPEAKS

Benighted is anyone whose speech is double.
You may revile the fiend to whom you mean to bow,
Rebel, and admit that you're crushed by his shadow,
But don't call a stranger this guest who's your trouble.

Reach at last the chasm wherein your absence gleams.
The scales you weigh your void in are your nothingness
And the one whose silence increases your protest
And who is killing you, is disguised as your dreams.

Echo of secret words sunk in your flesh, mirror
Where, silent, hides Psyche's invisible lover,
Void from across the night, balanced by your clamour,

Become the wanderer that haunts the borderland
Who knows that to his greed no fruit can put an end,
On both sides be master and silence diviner.

HERMES PARLE

Il n'est double héraut que n'habite la nuit.
Agonis le démon dont tu te crois victime,
Rebelle, reconnais que son ombre te lime,
Mais n'appelle étranger cet hôte qui te nuit.

Atteins le gouffre enfin où ton absence luit.
Tu pèses ton néant au poids de ton abîme
Et celui qui t'achève en ton rêve se grime,
Toi qui sur son silence accumules le bruit.

Echo du mot secret chu dans ta chair, miroir
Où se tait cet amant que Psyché ne doit voir,
Vide outre nuit régnant que ta clameur balance,

Deviens le vagabond qui hante le confin
Et sait que les vergers ne valent pas sa faim,
Maître des deux versants et sourcier du silence.

Contents

www.ingramcontent.com/pod-product-compliance
Lightning Source LLC
LaVergne TN
LVHW041206080426
835508LV00008B/830